창비시선 113

이 도 윤 시 집

너는 꽃이다

창비

차   례

제 2 부 너는 꽃이다

제 3 부 오월의 꽃

제 4 부 코를 뚫는 눈

제 1 부

바 다

등

새끼들이 모두 떠난
사람의 쭈그러진 늙은 등은 허전하여
바라볼수록 눈물이 난다
위대하여라 등이여
이 땅의 모든 새끼들을 업어낸 외로움이여

갈   대

살아온 날이 얼마나 깊었는지
나이가 넘쳐나 이빨이 빠지면
암컷과 수컷이 구별되지 않는다
평생을 한숨에 갇혀온 나의 할머니도
그제서야 여자를 버렸다
바람은 그렇게 그의 가슴을 막힘없이 지나고
달빛은 하얗게 머리를 풀어준다

돌   탑

산사에 오르는 길

돌은 바람을 어루만져 흘려보낸다

오가는 이 빌면서 얹어놓은 어린 돌탑

점점 작아진 소원 하나씩

서로의 마음을 떠받치며

위태롭게 쌓여 있다

신기한 일이다

염주 같은 애기 돌탑을

바람은 숨죽여 살며시 피해간다

별

한평생 이웃의 돈을 긁어모아
한평생 이웃에게 총을 쏘아
한평생 이웃에게 채찍을 휘둘러
한평생 이웃에게 거짓말을 하느라
손과 눈과 혀가 닳아버린
부자도 대통령도 관리도 죽었다
화려한 TV도 죽었다
그런 날 밤이면
별들이 가만가만 내려와
어젯밤 꽃상여도 없이 하늘로 올라온
작은 새 별들 이야기를 한다
아흔아홉 칸의 집과
황금으로 치장된 몸뚱어리 중에서
간신히 올라온 단 한방울의 눈물을

봄

팔다리를 꺾고 분질러
몽당연필 같은 나무를 만들어놓고
가로수 정비사업을 끝낸
사람들이 돌아간 후
수많은 고사리 손들이
에미의 몸을 뚫고 나와
잘린 상처 위에
아지랑이 한줌씩을 뿌려놓는다

님

너에게로 무너지고 싶다
무너지고 무너져 너의 입김이 되고 싶다
유리창에 그려넣는 손가락으로
그대의 작은 글씨가 되고 싶다
물에 젖은 신새벽 해를 껴안고
깃털이 투명한 어린 새를 날려
추녀 끝에 매달린 풍경을 울리는 산처럼
나도 너에게로 무너지고 싶다
무너지고 무너져 한방울 눈물 되어
그대 가녀린 발을 적시고 싶다

산

산은 세상에 남겨진
모든 것들의 이름을 알고 있다
단 한번 불러볼 이름이기에
불덩이 하나 달덩이 하나
머리맡에 걸어두고
산은 우리들의 이름을
쉬지 않고 불러왔다
산이 데려가는 것은 오직 이름뿐
그렇게 수많은 얼굴들이 창백하게
울고불고 뉘우칠 새도 없이
억새의 흰 머리 같은 가벼운
이름만을 앞세우고
터벅터벅 산으로 들어갔다
곧 불려질 살아남은 것들은
자신의 이름도 산이 알고 있다는 걸
까맣게 잊고 있었다

똥

똥의역사는인간의역사와같다아니똥의역사는인간이돌멩
이로고라니뒷다리를맞히던시절보다알몸똥이를가린성경
의역사보다길다똥은그러므로반만년의역사따위론째비도
되지않는다이런역사를가진똥은똥답게의젓하다수염을기
른똥이걸어가고분을바른똥이걸어가고자가용을탄똥대통
령이되어버린똥양주를먹고헬렐레한똥대포를쏘고미사일
을쏘고총을들고미쳐버린똥노동자의뼈다귀를우려먹는똥
이런슬픈갖가지똥의역사가한반도에서똥폼을잡고있을때
채독에걸린일부몰지각한사람들이내일을꿈꾸고산다

바 다 1

밤새도록 뒤척이며 어둠 속에서도
서로의 어깨를 맞추었다
키가 큰 녀석은 다리를 구부리고
키가 작은 놈은 발뒤꿈치를 들어라
살아 움직인다는 것은
가슴에 더운 피가 남아 있다는 것
서로가 서로를 안아준다는 것
서로의 키를 맞추자마자
서로의 가슴이 적셔지자마자
물살은 한덩어리가 되어 몰려오더라
끝이 없어지더라

바 다 2

그대 나를 안아

어느 쑥맥

겁없는 나라에 팽개쳤느니

무서워라 무서워라

불타는 해를 낳고도

흰 머리가 부서지도록

발자국 하나

남기지 않았구나

바 다 3

썩지 않기 위해
제 몸에 소금을 뿌리고
움직이는 바다를 보아라
잠들어 죽지 않기 위해
제 머리를 바위에 부딪히고
출렁이는 바다를 보아라
그런 자만이 마침내
뜨거운 해를 낳는다

인 연

너는 완성되지 않는 시로 생겨나고
나는 잠 못 이루는 글자로 서성여
밤새도록 껴안고 뒹굴다
괴로운 창을 열고 별빛을 바라본다
가없는 하늘 아래 너와 나는 먼지다
이 짧은 순간이 좋지 않느냐
살아있는 이 밤이 아름답지 않느냐
미풍에 이파리 하나 툭 떨어지는 소리
별 하나 숨고 새 별 하나 솟는다
어디서 새벽 애기 우는 소리 들려온다

백   지

흰 종이를 보면 숨이 막힌다
퉁개퉁개한 첫사랑의 고백도
안타까운 역사도
그는 표정없이 가슴에 받아왔다
고통은 제 몫이 아니라는 듯
조간의 잉크 냄새로
노동자의 유인물로
야구장의 햇빛 가리개로
번데기 봉지로
혁명 공약으로
성명서로
시집
백화점 광고
찌라시
국회의원 얼굴
기차표
창호지

국민학교 전과

징집 통지서

국사책

납부금 고지서

저금통장

성경으로

초가집에 꺼져버린 호롱불처럼

나이테도 없이 사라져

하얗게 재생된 오늘을 보면

숨이 막힌다

무엇인가를 털어놓으라고

내 앞에 놓인

희디흰 종이를 보면

머리카락

밤새 흰 베개 위에서
머리칼을 뽑아 들고 빠져나간 말들이
내 머리맡에 시커멓게 죽어 있다
말과 싸우다 지쳐버린 이 밤에도
시처럼 살고 있는 사람들은
머리카락 같은 세상 위에 잠 못 들고 있다
시를 쓰지 않는 이런 시인들처럼
나는 부질없이 낡아가고 있는가
손가락으로 잡히지 않고
빗자루로도 담아지지 않는
꼿꼿한 머리카락들이
사랑과 증오의 방에 엎드려
비릿한 사람 냄새를 맡고 있다

시

붉은 벽
저녁놀에
손가락으로 패인
그의 가슴을
본다

죽어버리고
이제는 밥도 먹지 않는
그의 입술을
본다

삼천리에 진달래가 피어도
차마 꽃을 노래하지 못하는
이 땅의 눈물들을
본다

누가 오는가

마른 햇볕 쇠창살
검은 보살 무너뜨리고
갈라진 손바닥
빚더미 술집 넘어
사월이 오는가
오월이 오는가
전라도 무등 넘어
갈라진 허리 넘어
창 넘어 칼 넘어
누가 누가 오는가

지 하 철

발 디딜 틈 없는 생애들이
어둠 속을 내달으며 비명을 지른다
화해할 수 없는 얼굴
역이 바뀔 때마다 서로
아슬아슬하게 비켜가고
떠밀리고 떠밀리면서
손잡이에 매달려 움직일 수 없이
나는 마지막까지 갈 것이다
세상 참 좋아졌다
지하 10미터의 땅밑으로
또다시 수만명이 파묻힌다

제 2 부

너는 꽃이다

너는 꽃이다 1

눈 뜨는 꽃

너는 꽃이다
살아남은 너는 꽃이다
살아남아 오늘 너를 키워온 것이 무엇인가고
네 어미가 너를 낳고 썩어버린
이 땅을 볼 줄 아는
너는 꽃이다
이 피투성이 땅 위에 살아남아
뜨거운 해를 향해 몸을 솟구치고
어떤 놈은 더듬이만 살아
평생 눈 한번 떠보지 못한
불쌍한 것들은 그렇게 하늘로
솟구쳤으나 덧없더라
제 한몸 필경 견디지 못하더라

그러나 보라 이 꽃들을
이 아름다운 꽃들을
제 몸을 뚫고 터져나온

이 고통의 입술들을 보라
이 아름다운 거부의 몸짓을 보라
영원한 꽃이여
너에게는 피의 냄새가 있다
가느다란 몸뚱이보다
커다란 눈물을 매달고
웃고 있는 것들이여
철없어 보이는 순진한 향기여
이제야 눈을 뜬 꽃들이여
네 여윈 손가락 끝에선
그러나 비겁의 냄새가 없다

아, 미치도록 아름다운 것이여
오늘 네가 부르는 서러운 노래가
이 땅을 적시는 한
네 어미가 살다 간 이 땅을
버릴 때까지

그렇게 아름다운 향기여

소중한 꽃이여

너는 꽃이다 2

나는 오늘 아침
울었습니다
세상이 너무 눈부시어
울었습니다
어디서 날아왔을까
아파트 10층 시멘트벽 물통 사이
조막손을 비틀고 붉게
온몸을 물들인 채송화 하나
그래도 나는 살아 있다
눈물인 듯 매달려 피었습니다
무릎을 꿇는 햇살 하나
그를 껴안은 채
어깨를 떨고 있었습니다

너는 꽃이다 3

말이 운다
말은 늘 함께서야 운다
나에게서 너에게서
웅성웅성 말이 울면서
땅을 울린다
사람을 짓밟는 세상이 올 때마다
말은 우리의 가슴을 빠져나와 운다
사월에 울면서 돌멩이가 됐던 소리
오월에 울면서 피투성이 됐던 소리
무지렁이들이 모여 두런두런
끝내 죽창이 됐던 소리
말이 운다
모여진 말들은 살아 있다
말이 울면서 반역을 찌른다
더이상 안되겠다고
더이상 못 참겠다고
가슴에 꾹꾹 눌러둔 소리들이 운다

곡괭이 같은 말들이 살아
이 땅을 울린다
갈아엎자고
갈아엎어버리자고
총칼보다 강한 말들이
쭈그리고 앉아 운다
어깨동무를 한 말들이 살아
오늘 또다시 운다

너는 꽃이다 4

사람이 두셋만 모여도
나는 한 여인의 비명소리를 듣는다
그리고 두리번거린다
사람들은 어디에 살아 있는가
사람이 서넛만 모여
우리들의 내일을 걱정해도
나는 한 여인의 절규를 듣는다
사람이 오백명쯤 모여
쑥덕거리고 있는 날이면
피를 토하는 한 여인의 신음소리를
나는 지금도 듣는다
사람들은 도대체
어디에 살아 있는가
그리고 두리번거린다
손톱을 물어뜯으며 광주를 울게 한
그녀는 여대생이 아니라 식모였다
그리고 그녀는

"우리 모두 나가 싸웁시다
우리의 형제들이 죽어가……"
그때 새벽 두시 견딜 수 없는 침묵 속을
타타타타 계엄군의 총알이 핥고 갔다
가두방송은 그렇게 끝이 났다
그녀의 외침을
다시는 들을 수 없었다
광주MBC는 이미 불타버렸고
다른 도시들은 편히 잠들어 있었다
우리들의 땅은 그렇게
우리들의 곁에서 죽었다
흙이 되었다

너는 꽃이다 5

바람 속에 신음한 흙은
단단한 사랑의 진통을 땅 위에 터뜨린다
그리고 단 한번 자신의 몸을 빠져나온 영혼은
슬픔이 되어 위대한 땅을 바라본다
누가 막을 것이냐 이 생명을
단 하루일지라도
가장 낮은 곳에서 몸을 일으킨 꽃은
스스로 향기를 잃지 않는다
그러므로 꽃은 마지막 미련을 갖지 않는다
그는 웃음이 추해질 때쯤이면
얼굴을 가리고 하얀 이빨을
저 혼자 뽑아버린다
누가 막을 수 있으랴 이 어여쁜 생명을

너는 꽃이다 6

달은 외로운 것들을 불러모아
더욱 환해진다
서울에서 내려온 아들 곁
오랜만에 손자를 안아보는지
다라실 양반 웃음소리
담 너머 높다
오늘은 추석이라
농약 먹은 햇배들이 고개를 떨군 밤
비늘 같은 달빛이 마당에 퍼덕일 때
기다릴 사람 하나 없이
노인은 창을 열고 하늘을 본다
동료들과 다시 모여 싸우느라
올 추석도 못 온다는 기별
무슨 죄가 밥줄을 끊었을까
노인은 말없이 두 눈을 훔친다
굳세어라 굳세어라
풀잎 같은 마음들을 끌어안고

달은 또다시 빈 가슴에 떠오르나
얼마나 많은 눈물이 해야 할 말을 삼켰는지
물러설 수 없는 빛나는 눈빛
오늘은 서울의 달도 밝다
해고당한 지 이년 된 안성일·김평호* 곁
새로운 얼굴들이 모여 노래를 부르고
달빛에 등을 구부리고 앉아
서로를 다독거리는 사람이 있는 한
세상은 결코 외롭지 않다
의자에 누워 며칠밤을 새우고
집회를 준비하는 낮고 힘찬 목소리들
내일은 집에 가
속옷이라도 갈아입고 싶다
지칠 줄 모르는 눈빛 뒤로
새벽은 이렇게 온다는 듯
달은 또 기러기떼를 품에 안고
아침으로 간다

＊ 안성일·김평호(전 문화방송노조 위원장·사무국장)는
90년 9월 「PD수첩 —— 그래도 농촌을 포기할 수 없다」가
경영진의 지시로 갑자기 불방된 데 대해 항의하다 그해 9
월 15일, 10월 6일 각각 해고됐다.

너는 꽃이다 7
조국과 사랑과 이인모

검고 곧은 머리카락을
감옥은 쥐어뜯어 파뿌리로 만들었다
삼십대의 나이를 칠십으로
들창엔 쇠창살
매질로 해가 뜨고 지는 특호 감방
관보다 작은 먹방도
그를 끝내 꺾지 못했다
채찍 앞에서 개가 되고
구정물 앞에서 돼지가
밥풀 앞에서 파리가 되는 세상
뜨거운 노래를 언 땅에 묻고
그는 조국의 불씨로 남았다
피에 젖은 강산에서
무쇠도 녹은 생매장된 사십사년
세월도 그의 신념을 어쩌지 못했다
이년을 같이 살고 삼십이년을 헤어진
기약없는 사랑 앞에서

그는 단 한번도

사랑하는 사람의 이름을 바꾸지 않았다

너는 꽃이다 8

오늘은 내일이나니
오늘은 또다시 내일이나니
숨쉬는 오늘은 영원한 내일이나니
살아 있는 사람아
새벽 종소리처럼 폭포처럼
두려움 없이 어깨를 걸어라
맑은 눈동자로 어두움 뚫자
오랏줄 묶인 오늘을 무너뜨리자
오늘은 먼저 가는 내일이나니
이글대는 해로 살아 오늘을 밝혀가자
살아서 주먹 쥔 사람들아
뜨거운 피가 너를 부를 때
민주의 역사가 너를 부를 때
오늘은 거침없는 내일
피끓는 가슴에 살아
오늘은 영원한 내일이나니

너는 꽃이다 9
고척동 비둘기

묶여 있는 새들은
울지 않는다
녹슨 창살 밖
하늘을 바라보는 자유를 두고
갇힌 새는 울지 않는다

새들은 그렇게 부리를 빛내고
새끼를 낳는다
눈물 앞에서
창살 앞에서
빛나는 깃털 하나 뒹구는
영등포구치소 마당 앞에서
목봉 위에 걸터앉은 주름살 위
새들은 가장 깨끗한 울음으로
새끼를 낳는다
입으로 새끼를 토해놓는다

너는 꽃이다 10

너를 다시 보니 눈물이 난다
너를 보내고 비에 젖은 나날
거센 바람에 몸을 날려
우리는 잠시 흩뿌려졌으나
어디 기다릴 곳이 없으랴
어린 자식은 철없이 아비를 찾고
모신 땅은 그예 너를 가두었으나
쇠창살 너머 별일 아니라는 듯
묶인 손으로 안부를 묻고
말없는 눈짓으로 서로의 향기를 맡나니
돌아서면 벌써 깊어진 어둠뿐
너를 마주보니 눈물이 난다
흘려야 할 땀이 아직 남아
차디찬 겨울 목에 수건을 두르고
때가 절은 흰 수의 소매
추위를 매만진 손목엔 짧은 햇살 지워져
웅크린 독방 시멘트벽

희미한 낙서 위에 잠든 별처럼

차마 돌아서지 못하고 너를 다시 보니

또다시 눈물이 난다

오랏줄에 피어 시들지 않는 꽃이여

제 3 부

오월의 꽃

아무 할말 없대이

종철에게

고문으로 죽은 스물한살의 자식을
아비는 강물에 흩뿌렸다
잘 가그래이 철아 잘 가그래이
차마 바라볼 수 없어
억새도 머리를 푼 눈바람 한탄강
토끼풀 같은 발가락을 오므리고
새들이 얼어 죽은 겨울강에
푸른 영혼이 한줌 가루로 흘러간다
이 아부지는 아무 할말 없대이
할말 없대이
성난 파도가 세상을 뒤엎을 때까지
눈물의 강은 바다로 간다

눈알을 파먹은 물고기

한젊은이가죽었다수배된한대학생이죽었다이철규라는조
선대학교학생이물에빠진채로죽어있었다한쪽눈알이튀어
나오고시뻘겋게정지되어검게그을린채눈을부릅뜨고누워
있는철규를맨처음본것은수원지개였다나하늘에떠있는별
이었다나호반산장을향해가던한수배대학생은도깨비같이
어두운밤무등산제4수원지에서검문을받은후도깨비같은
죽음으로우리들앞에서있었다피냄새가채가시기도전에남
녘에서참혹한죽음치떨리는죽음아단한번만이라도좋으니
네죽음을말하라어머니가울부짖자몽둥이와최루탄은광주
시내를미친듯돌아다니며물고기가눈알을파먹은것이라고
눈에핏발이섰다이번에터지면걷잡을수없는것이여살아나
면우리는다죽는것이여오공과육공은죽자살기가되었다눈
뜨고못볼죽음이땅에끌어올려지고삼일이되기전에부활을
막아야한다고눈알을파먹은물고기를찾아야한다고물고기
가우리시대의최고적이라고몽둥이와최루탄이미쳐버렸다
다른소리하지마익사야익사물에서꺼내놓고보니죽어있었
잖아익사야익사망치는법의이름으로땅땅땅반항하는놈들

의뒤통수를내갈겼다왕립과학수사연구소는순익사백프로
라적고보증서를내놓으라는시민들을향해박종철이사건도
우리가쪽집게처럼익사라고찾아냈지않으냐기억력이있냐
없냐해가며믿으라고악을썼겄다위대한태평양시대야무한
히뻗어나갈서해를바라보아서해가중심인데어디그쪽이남
녘이야좌녘이지시끄러운놈들아니야말많은거공산당이란
사실안고있지통일투쟁마흔다섯해삼월오늘도구국의단심
으로민족해방의한길과민족조선건설의선봉에서억센투쟁
으로살고자하는민족조선인에게이책을바친다고철규는마
지막으로교지민주조선을만들었었다그러나그배를갈라보
니플랭크톤이검출되었다고법이소리치고난후내배를다시
찢으라미국해부학자앞에철규가뛰어나오려하자여섯개의
칼이육방에서튀어나와번쩍이며당신은철저한반미주의자
이며애국청년학도인데미국놈칼날아래다시죽을수있느냐
고미제는이땅을떠나라고보통고릴라표법이발광을해버렸
다반항하는놈배를찢어버리겠다세상물마시고사는놈들플
랭크톤없는놈있겠어너도임마익사야익사광주촌법들은이
철규가영전시켜그후서울의법이되었다익사만세!

해 란 강

조선의 아낙들이 속곳을 이고 와
강물 곁에 앉아 팔목을 걷는다
일자무식으로 땡볕에 엎드려
호미로 긁어낸 한평생이
아무래도 부끄럽지가 않다
이렇게 끝내 살아왔음이
땀에 전 광목을 강물에 헹궈내면
끊긴 적 없는 물살은 두런두런
늘어난 아낙의 얘기들을 싣고
내일로 흘러간다
코범벅 아들이
강둑으로 달려나가 뛰노는 석양
그곳을 밟지 마라
네 할애비 왜놈과 싸우다 돌아가신 곳이다
해는 합수목으로 빠져드는데
이제야 알겠다
이 강이 왜 우리들의 노래인지를

백 두 산

누워버린 적송에 눌려
납작해진 협궤열차가
흰 한숨을 크게 내쉬고 강으로 떠나간
백두산 밑 첫마을 이도백하진을 지나도
백두산은 보이지 않았다
길은 지워지고 눈 덮인 하늘의 경계를
이름 모를 새들이 넘어가고
기다리라 이제 가마던 내 약속은
눈밭에 발자국을 남기지 못한 채
그리웠다는 말도 없이 나를 버리고
내가 찾지 못하는 백두산으로 떠나갔다
백두산은 어디에 있는가
함경도 내 땅에 가장 높이 솟아
눈물로 우리를 내려다본
백두산은 어디에 있는가
북경에서 연변을 지나 백두산에 올라도
백두산은 보이지 않고

눈 속에 파묻히는 바람소리뿐
서울에서 담아온 백두산을 꺼내
천지폭포에 얼굴을 씻겨주며
나는 눈물조차 흘릴 수 없었다

백두산 조선족

찬물로 몸을 정갈히 씻고 백두산에 올라

백두산을 가슴에 품고 내려오는 발걸음은 떨어지지

않는데

겨울에도 뜨거운 몸으로 백두산을 지키는

장백온천 아래 수백년 된 소나무에는

1935년 독립군 김은송이 새겨놓은 글씨가 뚜렷이 살아

백두산에 오른 조선족을 붙들고 눈물짓게 합니다

抗聯從此過 子孫不斷頭

(항일 연합군이 이곳을 지나간다 우리의 후손은 영

원하리라)

왜놈과 싸우다 그는 죽고 없는데

이토록 백두산은 영원합니다

천지폭포 앞에서

너를 씻으라
너를 씻으라
잡것들의 웃음을 씻으라
너희 자손만대 하나로 여기에 와
피투성이 어제를 씻으라
오늘을 깨트려라
마구 호통치는 저 독립군 호령 앞에서
고구렷적 장수 흰 칼날
네놈도 반도의 사내냐고
단칼로 내려꽂히는데
무섭고 부끄러워 눈을 감았다
아서라 아서라 내 새끼
더 큰 소리 있어 고개 들어보니
불뫼의 아사달 아사녀
뭐 그리도 반가우신지
남쪽 촌놈에게 달려들어 끌어안고
너도 잊지 않고 여기까지 왔느냐
눈물 펑펑 흘리시는지

천   지

내 식탁 위에 걸린
백두산 천지 사진은
나의 발을 시리게 한다

나는 종종 천지에 뛰어들어
헤엄을 치거나
때로는 천지가 숟가락이나
밥그릇에 가득 고여 조금씩
넘쳐나는 것을 보아왔다

천지는 내 생활의 가장 높은 곳에 앉아
아내와의 사랑을 엿보기도 하고
딸이 부르는 통일 노래에 장단을 맞추다가
내가 좀 더러워질 때면
제 가슴에 나를 껴안고
후적후적 헹궈내기도 한다

천지
혁명의 발자국이
화인처럼 찍힌 뿔을 머리에 이고
통일의 꿈을 꾸는 나의 발은
오늘 너무 시리다
여기도 내 땅인데
여기도 내 땅인데

게다짝과 노린내
백년을 바라보는 식민지 생활 속에
아비는 나를 낳고
나는 또 아이들을 낳아왔다
쑥떡이나 개떡을 먹고 자란 나인데
아이스크림밖에 모르는 아이를 길러왔다
깊디깊은 우리의 꿈을 벽에 걸어두고
딸애를 불러 천지라고 가르쳐도
아이는 자꾸만 천치라고 발음한다
낡은 천지 사진 앞에서

가을이 오면

사람들아
가을이 오면 우리
빈 가슴으로 만나자

흰 꽃들이 지고
붉디붉게 타오른 산천
금딱지 쇠딱지 다 버리고
총 칼 철조망 다 버리고
다만 떨어진 꽃잎에게
엎드리고 조아려

금강산이나 한라
지리산이나 백두
전라도나 함경
우리들의 메아리 거느리고서
잃어버린 이름들 앞세우고서

사람들아 사람들아

들바람 불면 우리

들가슴으로 만나자

너는 내 가슴으로

나는 네 가슴으로

기막힌 사연으로 어우러져보자

온누리 하나로 어우러져보자

어허 둥둥

밤꽃향기 날려오면
푸른보리 물결치고
어허님아 우리님아
그대살아 돌아오리
세상천지 시주님네
어화넘자 에루헤야
반쪽뿐인 이내가슴
눈물세월 찍어발라
밭은가슴 오뉴월에
무등산에 묻었으니
말갈기의 바람소리
백두산에 묻었으니
나무나무 아미타불
몇날걸려 돌아왔나
키가자란 산천초목
시퍼렇게 뒤덮였네
북을울려 둥둥둥둥

함께울려 어허둥둥
에루에루 어기청청
새살돋아 붙어보세
어허둥둥 북을울려
바다같이 붙어보세

들 녘

무엇을 소리쳐 부르랴
빈 들녘
살아 있는 것들 하나 둘
무릎을 꺾어
어린 새끼들 가슴에 안고
스러진 어둠 속
날선 바람은 고였다 흩어지고
먼 기다림의 소식은
어디쯤 머무르고 있는지
슬픔을 만나러 가기에는
너무나 아득한 길
사랑을 만나러 가기에는
너무나 멀고먼 길
아무렇게나 파헤쳐진 들녘 위로
포성소리 끝없이 쏟아져내리는데
무엇을 불러보랴
빈 들녘

열겹 백겹 호곡소리
짙어만 가는 들녘

사랑연습

잠 못 이뤄 별 아래 서성이며
홀로 가만가만 불러보는 이름
그이가 보일 때까지
그이가 보이지 않을 때까지
별이 전하리라 홀로 남아 손을 흔드는 사랑
그가 가고 없다 해도
그를 품은 추억만으로도 황홀한 사랑
키가 닿지 않아 담 너머 담 너머로
모가지를 뽑고 보는 사랑 또한 한정없이
아름답습니다
그러나 어이합니까
나는 그대이고 그대는 남김없는 나인데
기약없이 그대는 가고
손톱 같은 사랑 입술에 깨물던
가시덤불뿐인 그대와 나의 만남
눈도 입술도 보이지 않는 머나먼 사랑
한숨만 짙어져 가슴 메이는 내 사랑

발뒤꿈치 들고 눈만 크게 뜬 내 사랑
만질 수 없는 내 사랑은 나를 누이고
멀대같은 그리움만 커졌습니다
백두산은 키만 커졌습니다
한라산은 키만 커졌습니다

달

국회의원 당선사례 벽보 밑
가랑이 사이로 스며들어
술꾼 오줌발을 비틀비틀
물들이고 있다가도
펜대 하나와 거짓말로
위태롭게 세상을 이고 가는
내가 못 미더워
헐렁한 등덜미를 몰래몰래
따라오기도 하고
시퍼런 칼부림에 뒤척이는 남녘
주인 없는 무덤
묘지번호 99전병 15호
숫자로 새겨진 주검을 더듬어
워따워따 내 새끼야 맨살 부비다
한 시절 내내 차디차게 울다가
그래도 어찌할거나 살아서 크는 놈들
사람답게 가르치리

용암사 칠성당 정한수에 에헴 앉아
장돌뱅이 허씨 며느리 자궁 속에
숨가삐 부끄럽게 빠져드는 달아

김씨에게는 김씨를
이씨에게는 이씨를
박씨에게는 박씨를
흔하디흔한 갖가지 것에라도
그것에 맞는 그림자를
하나씩 달아주고
어두운 길 보살펴 가시라
어두운 삶 헤쳐 나가시라
어두운 세상 갈아엎고 나가시라
보리 패는 들녘 오지게 부서지다
천지에 사알짝 백록담에 사알짝
남으로 북으로 빠져드는 달
다시금 하나로 솟구치는 달

오월이 살아

모가지가 시뻘겋게 잘려
나뒹굴던 오월이었다
옥례의 스무살 젖가슴에 꽂힌
대검의 오월이었다
미쟁이 선반공 학생 구두닦이
노동자 시민의 가슴에
수천의 총알로 박힌 오월이었다
울음소리마저 숨이 넘어간
치떨리는 오월이었다
서릿발이 선 통곡의 오월
우리들의 오월
광주
광주
광주
끝나지 않은 총질에
절름발이로 외눈박이로
아직 오월 광주는 지명수배되어

이 땅 곳곳에 피투성이로 스며 있다
광천동 다리밑 구두닦이들이 문지르다
가버린 광주
황금동 유리창 너머 몸팔던 누이들이
젓가락으로 두드리다 떠나버린 광주
자식을 잃고 부모를 잃고
하늘을 잃어버린 뜨거운 땅에서
광주는 광주를 낳고
광주는 다시 광주를 낳고
광주는 또다시 광주를 낳았다
제3묘역 36번의 번호만을 남긴
아비의 서러운 영정을 들고
죽순 같은 어린 눈망울로
우리를 한없이 울렸던 천호도 자라
이제 커다란 오월이 되어가고 있다
광주는 이리도 모질게 살아
종철이가 되고 한열이가 되었다

광주는 순백의 처녀가 되어
백발의 해맑은 노인이 되어
신부가 되어 평양을 다녀오고
오월은 살아 조국은 하나라고
외치고 있다
오월은 살아 굳센 주먹이 되고
단단한 돌멩이가 되고
이 땅의 뜨거운 함성이 되었다
보아라 사람의 눈물을
보아라 너의 가슴에 움터오는
이 피투성이 오월을

동 백

얼어붙은 하늘 몰아치는 바람
어디로 갈거나 어디로 갈거나
바람에 실려 수만리 날려온 겨울새
어미를 잃었나 서방을 잃었나
그리움 끝없는 세상이라
피붙이들 또다시 흩어지고
어디로 갈거나 어디로 갈거나
남쪽바다 절벽 위 외발로 서서
갈 곳 없는 하늘에 붉은 피를 쏟는다

향   기

이 세상 모든 것에 향기가 있다
움직이는 것 움직이지 않는 것
소리나는 것 소리나지 않는 것
존재하는 것 존재하지 않는 것
이 향기를 나는 여지껏 모르고 살아왔다
홀로 앉은 새벽 세시
찻잎이 참새의 혀를 닮아 이름 붙여진
작설차를 마시며 향기를 생각한다
차를 집대성한 청나라 만보전서에 이르기를
겉과 속이 가지런한 것을 순박한 향기라 하며
설지도 익지도 않은 것을 맑은 향기라 하며
불기가 고르게 멈춰진 것을 난초 향기라 하며
곡우 전에 신기가 갖춰진 것을 진향이라 한다고
초의선사는 東茶頌에 기록하였다
추사 김정희, 귀양 사는 스승 정약용과 초의는
대륜산 정수리의 초가집 일지암에 앉아 차를 마시며
늘 서로의 향기를 맡았다

말하기 전에 느껴지는 것
이 세상 모든 것에 각자의 향기가 있다
별을 품은 깊은 밤의 향기를 맡으며
나는 또다시 괴로워진다
나에게는 무슨 향기가 있나
무슨 향기가 있나

여의도에는 똥개가 살지 않는다

사람을 따르는 것이 개인데
이제 사람이 개를 따라다닌다
침대에서 자고 일어난 개는 껌과 비스켓을 먹고
샴푸로 머리를 감고 스프레이 향수를 바른다
일년에 한번씩 스케일링을 하고 충치 치료를 받는
개들의 천국에서 개만도 못한 나는
사십이 돼가도록 스케일링 한번 못한 채
그래도 여의도에 산다
개가 제왕절개 수술을 하고 개새끼를 낳는다
개새끼를 가슴에 안은 여인이 지나간다
머리에 붉은 리본을 단 개새끼를 품에 안고
입맞추며 요 이쁘고 귀여운 것 어쩌고 하는
동물 박애주의자들의 동네 여의도엔
웬일인지 똥개가 살지 않는다
할아버지보다 소중한 족보 가진 개들이 모여 사는
여의도에는 똥개가 살지 않는다
벤츠에 그랜저가 낮잠을 자는 여의도엔

똥개가 살지 않는다

올려다보기에도 겁이 나는

우리나라 제일의 63빌딩이 있는 여의도엔

똥개가 살지 않는다

우리나라에서 광장이라고는 단 하나뿐인

5·16광장이 있는 여의도엔

똥개가 살지 않는다

국회의사당이 있고 TV방송사가 세 개나 있는데

똥개가 없다

한옥집이 단 한 채도 없어 기왓장을 볼 수 없는 여

의도엔

웬일인지 똥개도 살지 않는다

개새끼들의 천국에는 똥개가 살지 않는다

입 춘

흰 수염만 쓰다듬지 말고 봄이여
어서 오게 어서 와 문을 열게
대문 앞에 얼쩡이는 입춘대길로만 말고
큰 발걸음으로 그대 오는 소리 나면
장수대 대승령 너머 깊은 산골에 숨은
곰취, 맹이, 평풍인들 어찌 그대 마중 않겠는가
또 저기 녹슨 호미와 쟁기를 손질하며
울력을 기다리는 늙은 농부들을 보게
그러니 여보게 어서 오게
좀 시끄러우면 어쩐가
철조망 걷어 대문 열어젖히고
묵은 먼지를 털어내는 생명으로 생명으로

오월의 꽃 1
부활의 노래

그것은 사랑이었다
노여움 깊이 심장을 열고
떨리는 이파리 모두어
캄캄한 밤의 가늠자 위에
개화한 함성
끝내 굳은 입술에 패인
이빨자국
터진 목소리
짓이겨 끌려간 형제들 따라
향기 뒤섞인 꽃이파리
손목에 질끈 이마에 질끈
아아 죽음에 질끈 동여맨
피묻은 피묻은 그리움 다시
피어날 오월의 꽃

오월의 꽃 2

뿌리가 줄기에게

이놈아 나를 데리고 가라
행방불명된 오월의 내 새끼야
모가지가 잘려버린
나의 향기여 !

오월의 꽃 3
부처님 오신 날

부처는 염화시중의 미소로만 오지 않았다
부처는 더이상 자비로만 오지 않았다
봉축등 내걸린 금남로엔 피를 쏟은 연꽃 널리고
총창이 그어버린 새파란 하늘
유황불 그을린 지옥의 남녘에
대검 꽂힌 심장이 댓잎처럼 떨릴 때
진압봉에 맞아 으깨어진 백팔번뇌
부처는 더이상 용서로만 오지 않았다
부처는 더이상 화해로만 오지 않았다
한 손에 총을 든 피투성이 부처는

오월의 꽃 4
칼의 노래

헐벗은 얼굴들이
서로를 만져주고 있다
떨리는 소리들이 서로 모여
튼튼한 말씀으로 움직이고 있다
우리들 모두 하늘을 바로 보지 못해
긴 머리칼 헝크리며 엎드려 있을지라도
어찌 잊혀지겠느냐
돌아가 다시 만날 벗들
제 아비의 가슴속에서
그들의 이름을 꺼내가려 하여도
밤새도록 두드리는 비바람 속에
마주보고 울던 날
차디찬 흙의 한기가
뼛속에 스미고
입김이 얼어붙는 날선 칼날 아래
우리들의 목소리 다시금 모여
바위를 때리는 큰 파도 되리니

너는 다시 눈떠오리라 벗이여
그렇게 꽃잎이 떨어질지라도
무덤도 없이 묻혔을지라도
철조망 가시덤불 무성할지라도

제 4 부
코를 뚫는 눈

대한 뉴스데스크

날마다귀신밑보지같은이야기를보고듣는다검은털의해설
까지곁들여식초를친다파리떼들이세종로꽃밭의봉숭아를
희롱한다미스코리아의속살냄새가풍요한예술의꽃을피운
다눈을지그시감고다리사이의음모를생각한다평화적정권
교체라니까한국에서한번도없었던어마어마한이란말까지
듣는다삼저호기론의한국경제를전봇대로귀후비며듣는다
민족중흥동지회라고다시모였대요글쎄부자가망해도삼년
먹을것이있다고하던데웃겨독재자추모사업회를열겠다니
두꺼비가끌려가상을받고입원했대요단어들이너무좋아미
치겠어요중흥이라는말은귀가아프게들은적이있어요큰정
치라니까요미국이리비아의똥구멍을쑤셨다지뭐예요세계
각국에서리비아더러AIDS를조심하라고코를팽팽풀었대
요성병을막으려면자지를잘라버려야한다나뭐라나가다피
눈이오십센티뽕튀어나왔다고하는데지랄하면또썹어버리
겠다고레이건이말했대요근질근질한음모이야기를듣고있
으면아랫도리가부풀어오른다한국은경찰국가는아니라고
미국의동아시아태평양안보담당책임자가말했다고앵커가

말했다오월귀신이우르르몰려와간신밑보지같은이야기라
고낄낄거렸다충신들을향하여근엄한수염의턱밑에다간신
뒷보지같은이야기라고낄낄거렸다연거푸화면이지나가더
니화염병을던지고데모하는학생들을폭력좌경혁명세력이
라하였다그러더니논평위원을불러냈다민주처녀정의처녀
복지처녀의논평위원이나와입에침도안바르고브라운관을
우롱했다쯧쯧쯧침을발랐어야하는데미주저의보지로받침
이떨어진부끄러운딸들이우르르몰려와우리는MBS를보
지않습니다라고쓰인생리대를TV화면에다찰싹붙였다

장하구나 형제어

삭발을 하라 삭발을 하라
조선땅 삼천리 피투성이 산하를
비에 젖은 라디오가 외쳐대고 있다
동해바다 깊고 푸른 물결
해파리의 부드러운 숨결마저
어영차 어영차 절벽을 넘어
신소리 엉터리 거짓소리 잡소리
철조망과 군홧발에 얽히고 설킨 소리
식초와 참기름에 지지고 볶은 소리
뭉개버리고 있다 씻어버리고 있다

정의가 무엇이냐
진실이 무엇이냐
그것이 밥보다 소중한 것이냐고
구부러진 숟가락이 묻는다
빼빼 마른 젓가락이 묻는다 그것이 도대체
무엇이길래 밥을 내버리고

징을 쳐대느냐고
삐까번쩍 차디찬 문화방송
대리석이 묻는다
말을 배우고 나서부터
단 한번도 당당하지 못했던
우리 집 낡은 흑백TV가
눈을 부벼대고 있다
잘못했다 잘못했다 고백하고 있다
그대에게 가서 말하리라
이 땅에 불이란 불 모두 사그러들고
이 하늘에 별이란 별 모두 지고 난 뒤에라도
진달래 고운 가슴 끝끝내 살아
그대에게 가서 진실을 말하리라
우리가 보아야 할 것은 무엇인가
우리가 들어야 할 것은 무엇인가
잠자던 산들이 일어나
하얀 새들을 날리고 있다

비에 젖은 라디오가 통곡하고 있다
임금님 귀는 당나귀 귀
임금님 말씀 또한 당나귀 말씀

새

슬픔이 보이지 않을 때까지
새들은 날으려는지
작은 발을 모아 푸드덕거린다
세상이 가르친 건 비명뿐
단 한번도 집을 가져보지 못한
도둑의 마을을 돌아보며
월세가 없어 산 중턱에 천막을 치고 온 날
불타버린 오만원짜리 사글세방
네 평 판잣집 단칸방에 뒤엉켜
질식해 죽어버린 어린 삼남매
차마 이 세상을 훨훨 뜨지 못하고

날아라 붓이여

전국 언론노동조합연맹 창설에 부쳐

이 푸른 하늘 아래

우리는 살아 있구나

살아서 이렇게 모였구나

칼날 아래 쓰러진

활자를 일으켜세우고

식민의 땅에 죽어넘어진

형제들의 못다 한 말을 눈물로 추스리며

한발 한발 피묻은 발자국

신문지에 뚝뚝 남기고

부끄러운 우리는 예까지 살아왔구나

눈을 감아라 입을 닫아라

귀를 막아라 붓을 버려라

아무렇게나 베어내는 망나니의 춤 아래

잘리고 찢겼어라 깨지고 뭉개졌어라

우리의 눈과 입은 그렇게 불살라졌어라

그러나 우리는 망신칭이로

으깨지고 뭉개진 상처투성이로
잘리고 찢겨진 피투성이로
오늘 이렇게 살아 다시 모였다
허나 형제여
통일 없이는 민주 없다
민주 없이는 통일 없다
자유언론 없이는 민주도 통일도 없다
삼천리 언론노동자여
우리 이제 하나가 되자
하나가 되어 역사의 참 눈이 되자
하나가 되어 역사의 참 입이 되자
이 푸른 하늘 아래
끝끝내 해내고야 말 자주언론
끝끝내 당당히 나부껴야 할 자유언론
순결한 노동자의 이름으로
해방으로 가는 오월의 새벽으로
솟아라 언론노동자여
날아라 붓이여

종

1

해방이 되고 그는 종에서 풀려났다
전남 신안군 임자면 저동 섬마을
아비를 이어 종이었던 그는
나이가 비슷한 상전 밑에서 새우를 잡는 대신
불알만 차고 뭍에 올라
서울역 지게꾼으로 운전수로 막노동꾼으로
무허가 서울특별시민이 되었다

2

재개발로 헐린 신월동 무허가 판잣집
공사장 돌산 뒤에 또다시 천막을 치고
자기집 대신 새로 들어선 고층아파트
경비원이 된 아들을 따라
돼지머리 너머 아파트 입주식을

노인이 허망하게 구경하고 있을 때였다

신혼부부 이삿짐을 따라

고급 승용차 한대가 와서 멎었다

"이것이 얼마짜린 줄 안가? 이삿짐을 좀 조심해서

나르게."

지팡이를 들어 짐꾼을 나무라는 옛 상전 곁에

자신이 업어 키운 상전의 아들이

미끈한 신혼부부로 히히덕거리며 서 있었다

우리 시대의 법

　나라를 일본에 팔아먹은 이완용, 삼천리 강토를 다
팔아먹은 그는 신문지법과 보안법도 만들어 조선사람
까지 다 팔았다 나라를 되찾으려는 의병은 폭도가 되
고 도둑은 주인이 되었다 맨 처음 친러파였다가 친미
파로 일본의 세력이 강해지자 마침내 친일파로 변신한
그는 천하 제일도적 이등박문과 매매계약서를 썼고 원
흉 이등박문을 쏴 죽인 서른한살의 대한국인 안중근은
살인죄로 목졸려 죽었다 안중근 의사 어머니 최여사는
사형선고를 받아 죽음을 눈앞에 둔 그의 아들에게 상
고를 하지 말라 일렀다 옳은 일을 한 자가 그릇된 법
의 심판을 받을 수 없다는 것이었다 이완용도 한일합
방 일년 전 애국청년 이재명의 칼에 깊이 찔렸으나 그
는 죽을 수 없었다 일본 천황에게 복비를 덜 받은 이
완용은 황국 신민이 되어 일본에게 발가벗고 준 대가로
백작과 후작의 칭호를 죽지 않고 받아야 했다 일본은
갸륵한 백작 이완용에게 거액의 은사금과 퇴관금을 주
었으며 그는 그 돈으로 일본에게 팔아넘긴 조선 땅을

도처에 조금씩 되샀다 부귀영화를 누리던 그도 죽어
한줌 흙이 되고 원자폭탄에 맞아 머리가 다 빠진 일본
도 망해 우리나라를 토해놓고 떠났다 그후 사십년 만
에 일본은 다시 세계 최강이 되어 핵을 양손에 쥔 채
군대를 외국에 파병하고 미국은 일본의 눈치를 보며
먹고 살기 바빠졌다 사십년이나 오십년의 세월은 모든
것을 잊기에 충분한지 모른다 이민 가서 살던 이완용
의 증손자가 가명을 들고 다시 한국에 나타났다 증조
할아버지 이완용이 사놓은 땅을 한국 민주주의 실정법
은 그에게 되돌려주기 시작했다 자본주의 한국에서 그
땅은 육십억의 황금이 되어 있었다 그나마도 다행이다
법은 아직 일본에게 한반도를 넘겨주라고 망치를 내리
치진 않았다

기억이 나지 않는다
어제가 오늘을 오늘이 어제를
서로 뜯어먹는다

공주 계룡산 아래 혼자 숨어 살던

종군위안부 출신 할머니가

매독으로 오늘 죽었다

눈물이 나지 않는다

세월은 마귀와 같다

피묻지 않은 입술로

정의와 증오

역사책과 비명마저 그는

소리없이 먹어치운다

나는 이 마귀와 만나면서 역사를 배우고

마귀와 정을 통하면서

사람의 주름살이 가여워진다

지금까지 나를 먹여온 것은

월급이나 쌀이나 마늘이 아니었다

나를 키워오고 가르친 것은

젖과 분필이 아니라 망각

이 저항할 수 없는 적을 이기는 것은

창녀의 가랑이

십자가의 피뢰침이나

침묵을 강요하는 법뿐이다

애당초 기억을 해서는 되지 않는

이 승리의 비법을

좌변기에서 아침신문과 걸터앉아 알아차리고

나는 통쾌한 설사를 한다

미련이 없다

나를 태우는 소리없는 담배와

똥구멍을 빠져나가며 소리치는 파 냄새가

아깝지 않다

그래야 나는 살 수 있다

망각만이 살길이다

어제를 잊을 수 없다면

죽으라지 할머니는 숨어

몇십년 된 일본 매독을 음부에 담고 죽으라지

묻힐 곳 없는 그녀에게

법이 매장 허가를 해줄지 아직 모르지만

바람 부는 오늘

왜 살아 있었는지 모르는 오늘도
하루는 이렇게 끝이 났어
평온하게 일생의 한토막이 절단되는 언 꽁치처럼
죽음으로 한발 다가선 나는
우습게도 후련하다
담배를 부벼 끄듯 석간은
더이상 오늘이 없음을 알리고
검은 판사는 오늘이 파산했음을 선고하고
관리들이 무표정한 깃발을 내릴 때
애국가는 움직이는 사람들의 발목을 붙들고 넘어진다
변함없이 오늘도 이렇게 끝이 났다
담배가 타들어가듯
가슴에 불을 안은 사람들은 점점 재가 되고
밤은 또다시 구멍난 음부 속으로 기어들어가
기약없는 내일을 뒤집어쓴 채 코를 골며
무수한 아이들을 세상에 까놓는다
희망이 없다 그래도

그래도

그래도

응애응애 알에서 부화한 새벽이 온다

장 준 하

다시 돌베개의 영전에

절벽의 끝

그날에 이르도록

당당한 외침

돌베개를 베고 살다

철조망을 베고 죽은

긴긴 새벽의 날이

키 작은 잔솔의 검은

방울에 맺혀 있다

어느 장사꾼이

어느 사기꾼이

어느 정치꾼이

갈가리 찢어놓은

우리들의 땅

이 땅엔 거듭 왜놈뿐입니다

육천리의 중경길을

걸어
중원 대륙의 맨땅에
그림자도 없이
숨어
땡볕의 수숫대가 서걱이는
피의 이랑 속을
미치게 달려왔어라

해방은 오지 않는가
우리가 울부짖고
찢어지게 웃고
서로가 껴안은 채 더덩실
춤추는 해방의 그날은
진정 오지 않는가

왜놈이여, 끝내 이 땅을 버리지 못하는
우리들의 등불이 여기 있노라고

심지 돋우어 살아나는
우리들의 맑은 눈
자랑스런 죽음의 특공대가 된
젊은 시절을 흙에 묻고도
그는 우리의 눈으로 살아
증오의 철조망을 노려보나니
가시같은 권력에 대항했나니

인공 때 사람이란 사람은
다 죽어넘어졌다는 약사골
삼팔선 이북
거짓의 철조망을 향해
지나가는 아무 바람이나 붙들고
앙상한 소나무들
으—아   으—아 울어쌓는데

누가 당신을 죽였는가

날선 칼에 물 뿌리며

누가 당신을 이 땅에서 거듭 죽게 하는가

어느 장사꾼이

어느 정치꾼이

어느 사기꾼이

경   적

급하면 소리를 지른다
더 다급해지면 비명을 지른다
역사는 그렇게 괴성 투성이다
돌진하지 못하고 늘어선 자동차를 보면
불쌍한 고양이 생각이 난다
쥐가 없어진 시대에 살며
고양이는 쥐가 왜 자신의 적인지를 잊었다
발톱을 세우고 몸을 날려야 할 고양이가
낮잠꾸러기로 가출을 한다
그의 가장 큰 적은 쥐약
그르렁그르렁 물레 잣는 소리로 도로에 갇혀
뒷발을 힘차게 구르지 못하는
자동차의 경적 소리를 들으면
퇴화해버린 불행한 고양이 생각이 난다
발톱을 집어넣고 아랫목에 엎드린
가엾은 고양이 꼬리에 방울을 달 필요가 없이
쥐들은 멸종으로 해방을 맞았다

그래도 갈 길이 없다는 듯
백만대의 자동차가 천만명의 사람들을 향하여 운다
자동차가 움직이지 못하고 짜증스레 우는 것은
엄격히 말해 고양이 탓이 아닌데
독재자의 근엄한 얼굴 탓만이 아닌데
그 뒤에 늘어선 총 때문만이 아닌데
반찬 투정을 하며 깨지락깨지락
쌀밥을 씹는 어린놈의 밥상 앞에서
비명은 고양이처럼 움직일 줄 모른다

거   미

맨손으로 절벽을 기어오르는
이 시대의 전사처럼
태어나자마자
거미는 제 몸을 부숴뜨린다
단단한 것은
주먹이 아니야
단단한 것은 법보다 단단한 것은
모진 목숨뿐이라고
아직도 썩지 않고 곤두선
똥구멍의 힘줄이라고
거미는 슬슬 제 몸뚱이를 흔든다

쇠망치가 팔과 다리를 짓뭉개고
철거반의 술 냄새가
봉천 삼양에서 남태령 고개까지
더이상 옮겨갈 곳이 없는
서울 땅을 헤집을 때

똥개들도 겁을 내지 않고
한쪽 다리를 서슴없이 치켜드는 잡초더미 위에
어린것의 주먹을 꼭 쥐어주며
거미는 또다시 물구나무를 선 채
가느다란 밥줄을 거꾸로 매단다

눈

푸른 보리밭을 지우고
굴뚝을 지우고
물고기가 살지 않는 강과
철길을 지우고
눈이 내린다

휴전선을 지우고
철모를 지우고
창녀와 감옥을 지우고
부자와 가난뱅이를 지우고
어제의 난리를 지우고
영영 마르지 않는 붉은 무덤 위를
아편 같은 눈이 덮어버린다

아니다
아니다
밤이 깊어질수록

마을을 지우고 길을 지우고
아이들의 탄성을 지우고
별이 부서져 쌓인다
새 세상을
새 세상을
기다렸던 것이 오늘이냐
개들이 뛰어나가 눈밭을 뒹군다

민주주의 만세 !

너희들의희망은무엇이냐일일이물어볼수없어아무나붙들
고뒤져보는가광화문지하도어둠속에서불쑥뛰쳐나온웃음
들을잡아두고무엇을하느냐민주주의야텅빈가방속쏘니라
디오에조용필사진을보고서야안심하는민주주의야너는너
무고운이름을가졌구나오월십팔일에미스코리아선발대회
를열고사월십구일이면평화로이비둘기가날으는시청이마
에경축사일구몇주년기념이라는글씨를둘러주는자랑스런
민주주의야너는이름이너무고운것이탈이다밤이면백분쇼
에마누라와새끼들을잡아다혼을빼버리고겁없는놈들이귀
찮아지면뉴스논평해설이다귀때기를잡아담화문을집어넣
고겁주려면포고문을붙이는민주주의야불순한놈이아니냐
고무슨소리야진정하게너는어떤놈이냐고수상한얼굴로나
를쳐다보지만노여워하지마라나는숭악한전라도촌놈아무
것도모르는무식한촌놈히히히히나는팔팔서울올림픽공식
지정촌놈

백담사를 바라보며

무엇이 물들지 않고 있느냐
마른 나무에도 물이 오르는데
무엇이 끝끝내 물들지 않고 있느냐
푸른 산들이 제 어미를 향해
굼벵이같이 꿈틀거리고
푸른 강물이 굽이치며
가슴 너른 사내의 눈물로 고여오는데
무엇이 오늘 물들지 않고 있느냐
백담사 아래
백담 왕궁 아래서
자식을 빼앗긴 어미들
가슴 쥐어뜯으며 저놈을 죽이라고 울부짖고 난 뒤
비바람 소리만이 더욱 거세구나
왕이여
역적이여
우리들의 어머니여

남몰래 쓴 축시 1

별, 淑, 혹은 무지개

안개꽃을 받으셨는지요

오늘 그대 새 길 가신다기에 이슬 젖은

새벽 안개꽃을 한아름 따 그대에게 보냈습니다

날이 밝으면 그대 먼길 떠난다기에

까치발로 목을 길게 뽑아

그대의 하늘을 바라다봅니다

눈물에 젖어 더욱 반짝이는 별 하나가

그대의 것인지요

그대가 밟아 오르는 무지개의 나라에

축시 한편을 띄웁니다

그대도 저의 노래가 들리는지요

돌아갈 수 없는 남쪽 마을엔 불러볼 수조차 없는

그대의 이름 그대의 향기로 가득 차 있습니다

그대에게 한때나마 커다랗게 보였던 나는

이제 점점 작아져 그대의 숨결보다 가벼운 티끌이

되었습니다

이제 세상이 무겁지 않습니다

그대가 떠나시며 저에게도

이런 가벼움을 주셨는지요

이제야 모든 것이 보입니다

우리들의 어제도 투명하게 보입니다

피정센타 뒷산에 버려진 주기도문도 보입니다

그후로의 이별 눈물 그리움도 보입니다

저는 이제 그런 것들도 흑백사진의 미소처럼 가물가물

달빛에 스미는 그대의 목소리도 온몸에 가득 담아
들고

웃음만이 남아 있는 옛사랑 거리에 조금씩 뿌려주었
습니다

저의 맑은 눈물 위로 걸어가시는

당신이 더욱 아름답습니다

늘 웃음 속에 살아가시길 빌며

무지개 나라 주소를 몰라 다시 편지 보내지 못해도

용서하시기 바랍니다

남몰래 쓴 축시 2

그대의 출발은 이 땅에 정의와 평화를 주리라
그대의 결합은 이 땅에 사랑과 희망을 주리라
이제 그대의 새로운 출발은
둘이서 더욱 굳은 하나를 이뤄냄이니
기억하리라 축하하리라
淑아 너를 더욱 자랑스러이 여기리라

팔십년 사월 불붙는 교정에
팔십년 사월 광주의 타오르는 외침 속에서
너를 보았다 살아서 대자보에 붙은
너를 보았다 천리길을 내려가
두 주먹 불끈 쥔 채 환히 살아 있는
너의 목소리를 곳곳에 두고
나는 참으로 자랑스러웠다
흰 종이 위에 나부끼는 너의
단호하고 짧은 머리카락을 바라보며
나는 울고 있었다

그리고 한달 뒤 오월
수많은 이별 속에서 맞이한 오월
칼, 피, 혁명, 죽음
나는 그것과 천리 밖에 또 떨어져 있으며
갖가지 소식에 치를 떨었다
네가 죽었을 거라 생각했다
너는 죽어버렸을 거라 생각했다

그러나 살아 있다니
서로가 말없이 지나가면서
인사조차 없이 지나갔으면서도
우리가 살아
아아 네가 살아 살아 살아서

그후
너와 걸었던 길을

홀로 걸어가보았다
누문동 예배당 근처 이층에서
너의 조그만 방을 통해 내어다본
광주의 여름 속에 무성한 옛 기억을 헤쳐내며
난리통에도 살아남은 그대의 소문을 거느리고
그림자가 없어질 때까지 걸어가보았다

오늘은 너의 결혼식
너는 살아남아
보다 굳센 사랑을 배웠느냐
살아남아 해야 할 몫이 있다고
살아남아 끝끝내 싸워야 할 적이 있다고
행복하라 그대
끝끝내 살아남아 행복하라 그대

뒷골 약수터

뒷골 약수터에도
봄이 오자
빈 콜라병을 들고 와
사람들이 새벽을 조금씩 담아간다

겨우내내 찬바람 속을
약숫물은 가늘게 떨어지고
노인 서너명만이 뒷골 새벽 산에
힘없는 오줌발을 세우고 돌아섰다

복덕방 간판을 부동산 중개인으로 갈아붙이고
공인중개사 시험에 합격한 황노인
평안도에서 일사후퇴 때 월남하다
마누라를 잃었다는 목수 장노인
평촌길 모퉁이에 철물점을 하는 김씨
대패질을 하거나 못 박을 일이
좀처럼 없어진 겨울에 들어서는

새벽에 만나 고집스런 논쟁으로
하루를 열곤 했다

그 겨울이 끝날 무렵
죽어서 다시 태어난다면
김원기와 대통령 중 어느 것이
되어야 할지 모르고 언성을 높이던
목수 장노인이
황노인과 김씨를 설득하지 못한 채
죽었다
공사판 과수 주모를 늦게 봐 낳은
딸 하나가 고등학교도 졸업하기 전
가슴에 날이 선 대패를 들고
죽었다

뒷골 약수터에 또 봄이 오자
젊은것들은 으쌰으쌰

팔을 걷어붙인 채
아령과 역기를 들고
약숫물 줄기가 굵어졌다
이 새벽에
살아남은 김씨와 황노인이
또 복장 터지는 논쟁을 한다
개헌이다 아니다
민주주의다 아니다

슬픈 애인

얼마나 기다려야 하나
너의 이름을 잊을 때까지
흰 망초꽃 모가지 같은
내 슬픈 애인이여
아무리 걸어도 그대에게
닿을 수 없다 사랑의 말씀 흩어지고
그대가 남겨놓은 작은 글씨들
낡아서 괴로운 짜라투스트라여
너는 거기에 단발머리 눈물을
흘려놓았느냐 그대는
작은 나에게 영원히 없으나
그대가 부려놓은 사랑의 말들
해가 지고 바람이 불 때마다
바다를 달아날 수 없는 배로 출렁이며
아직도 막막히 갇혀 있나니
먼지 수북한 책을 털어
나는 차마 다시 펴보지 못하리

날개를 접고 내려앉은 너와 내 사랑
떠나가는 이의 뒷모습을
밝히지 못하는 작은 등불처럼
옛사랑은 하얗게 하나 둘
기억 속을 빠져나와 나도 이제
백발이 검은 머리카락에 섞이나니
그 환한 웃음
단 한번 내게로 오라
와서 잊혀지라 부질없는 기억이여
어서 달려나와 내 머리를 백발로 덮으라
너의 이름마저 잊을 때까지

코를 뚫는 눈

소의 일생을 망친 것은
자신의 왕방울 눈이다
턱없이 큰 눈은 사물을 볼록하게
세 배의 크기로 확대하여 바라본다
이를테면 닭을 봉황으로
쥐새끼를 강아지로
강아지를 호랑이로 판독한다
그의 눈은 너무 커서 슬프다
거대한 괴물들로 이루어진 세상에서
쭈그러진 농부의 손끝에 코뚜레를 잡힌 소는
억센 힘과 기관차 같은 콧김으로도
누구에게 대항할 수 없다
눈은 이렇게 불안하다
꽃을 꽃으로 보지 못하고
별을 별로 보지 못한다
사람의 눈은 엎드린 소의 눈보다 불안하다
감옥과 총과 쌀을 앞에 두고

사람의 눈은 사람을 난장이로
또는 만 배의 크기로 확대하여
스스로 코를 뚫는다

몸부림으로 피는 꽃의 눈물

조 태 일

 나는 오랫동안 마음속으로 이도윤을 지켜보았다. 그러나 마음 밖으로는 이도윤을 퍽 냉정하고도 무심하게 대했기 때문에, 내가 이도윤을 지켜보았다기보다는 이도윤의 처지에서 보면 이도윤이 나를 오랫동안 지켜보았을 것이라는 표현이 훨씬 실감이 날 것이다.

 15년 전의 일이다. 1978년 5월 어느날, 첫눈에 괜찮게 보이는 대학생이 내가 일하고 있는 오장동의 인쇄소를 찾아왔다. 나는 그때의 상황을 까마득하게 잊고 지냈으나 최근에 이도윤이 어느 술자리에서 기억을 일깨워줬다. 그의 말에 따르면 그때 나는 비좁은 인쇄소의 이층 다락방에 앉아 때 절은 런닝셔츠 바람에 다 찢어진 부채로 뻘뻘 흘러내리는 땀을 식히고 있었고, 한쪽 구석에선 낡은 선풍기가 주조기와 인쇄기 돌아가는 소음들을 털털거리며 달래고 있었다 한다. 그때 오고간 대화를, 그의 기억과 평소 나의 언동을 통해 재구성해보면 대충 이렇다.

 "무슨 일로 찾아왔지?"

 "시 공부를 하는데 지도를 좀……"

"지도는 무슨 지도, 나도 배우는 참인데. 아무튼 내 시를 읽어는 봤냐?"

"네, 『식칼론』과 『국토』를 읽어봤습니다. 그 중에서도 「요강」이란 시가 아주 좋았습니다."

"좋긴 뭐가 좋아. 나 바쁘니까 써온 것 있으면 놓고 가. 시간 나는 대로 읽어볼게."

그와 첫 만남에서의 대화였다. 그가 돌아간 후 황토색의 대학노트에 빼꼭 들어 있는 150여 편의 시 중에서 3분의 1도 채 안 읽었는데 그는 무엇이 그리 급한지 열흘쯤 지나서 두번째로 나를 찾아왔다. 시간 나는 대로 읽어본다고 했는데 이렇게 빨리 나타나니 귀찮다는 생각도 들었다. 인쇄소 운영하랴, 종로 5가에 나가랴, 명동성당 집회에 참석하랴, 거의 매일 있다시피 한 양심수 재판 방청하랴, 이런저런 기관에 불려다니랴, 시국 탓하며 술 마시랴, 그래도 가장인데 가정 생각하랴, 시간이 나기는커녕 시간이 부족해, 남이 못다 살고 간 시간까지 챙겨서 이리 뛰고 저리 뛰어야 할 숨가쁘고 답답한 시국이었다. 두번째 만남에서의 대화도 간단했다.

"왔냐?"

"네, 제 시는 어떻던가요?"

"글쎄…… 왜 시를 쓰려고 하지? 차라리 산문이나 쓰지."

"………"

그는 매우 낙망스러운 표정이었다. '차라리 산문이나 쓰라'는 말은 '더욱 노력하면 좋은 시를 쓰는 시인이 될 것이다'라는 뜻으로 내가 즐겨 사용하는 반어적 표현이었다. 원래 반어법은 긍정을 깔고 하는 어법이 아니던가. 다 아

125

는 사실이지만 민중에게는 대단히 고통스럽고 위태로웠던 70년대란 유신시대는 소위 상업주의적 소설이 풍미했던 시기였는데, 첫 인상을 '괜찮게' 본 대학생더러 그쪽에 가서 얼쩡거리라고 꼬드길 수가 있었겠는가.

그는 두번째 만남 이후 그해를 넘기고 몇번 나를 찾아왔으나 시에 관해선 한마디의 말도 서로 건네지 않았다. 만날 때마다 오장동 뒷골목의 복집에서 복탕에 소주를 사주는 것으로 그의 시에 대한 나의 느낌과 기대를 대신했었다. (처음 내가 그의 시를 접했을 때 느낀 점은 어린 나이에도 세상을 꽤 깊고도 애정어린 가슴으로 성찰하고 있구나 하는 것이었다.)

그 뒤로 이런저런 모임에서 가끔 부딪히기도 했지만 시 이야기는 서로 일절 하지 않고 지내다가 1985년에서야 마포의 창제인쇄사(시인사와 같이 있었음)에서 그에게 "시 써놓은 것 있으면 추려서 가지고 와봐"라고 했다. '차라리 산문이나 쓰라'고 말한 뒤로 실로 7년이란 세월이 지나서였다. 그 7년 동안 서로는 서로를 마음속으로 지켜본 셈이다. 가지고 온 시는 조금 거칠긴 했지만 현실과 맞서 몸부림치는 사려깊고 따뜻한 시정신이 신뢰감을 주었다.

국회의원 당선사례 벽보 밑
가랑이 사이로 스며들어
술꾼 오줌발을 비틀비틀
물들이고 있다가도
펜대 하나와 거짓말로
위태롭게 세상을 이고 가는
내가 못 미더워

헐렁한 등덜미를 몰래몰래
따라오기도 하고
시퍼런 칼부림에 뒤척이는 남녘
주인 없는 무덤
묘지번호 99전병 15호
숫자로 새겨진 주검을 더듬어
워따워따 내 새끼야 맨살 부비다
한 시절 내내 차디차게 울다가
그래도 어찌할거나 살아서 크는 놈들
사람답게 가르치리
용암사 칠성당 정한수에 에헴 앉아
장돌뱅이 허씨 며느리 자궁 속에
숨가삐 부끄럽게 빠져드는 달아

———「달」 부분

위에 인용한 시는 그때 가져온 시 중에서 골라 『시인』
지에 실렸던 「달」의 첫연이다. 『시인』지에는 이 「달」말고
도 「안 보인다」 「어허둥둥」 「똥」 「오월의 꽃」 등 7편이
더 실렸는데 모두 '광주'와 관련된 시들이다. 여타 시인들
의 '광주'에 관련된 시들은 대개 '광주'에 대해 큰 부채를
지고 있다는 기본 심정이 공통점으로 되어 있다. 그리고
대부분 목소리를 높여 울분과 추상적인 질타를 적당히 안
배한 규격품인 시가 주종을 이루지만, 이도윤의 시는 덜
그렇다는 점에서 일단은 관심을 가질 수밖에 없었다. 덜
그렇다 함은 서정시의 틀을 굳건히 유지하고자 한 흔적이
뚜렷하다는 점에서다. 이처럼 서정성이 강한 작품으로
「동백」 「돌탑」 「갈대」 「봄」 「바다」 「새」 「인연」 등 대개

십행 미만의 짧은 시편을 들 수 있다.

서정시의 특징 중의 하나는 잘 알다시피 '세계의 자아화' 혹은 '자아의 세계화'를 통한 세계와 자아와의 동질성(일체감)을 회복하는 데에 있다. '달'이라는 사물을 자신의 내부로 끌어들여 자아화하고 다시 자아를 초월해서 자아를 세계화한 시가 이 「달」이다. 그렇기 때문에 달은 바로 이도윤이 되기도 하고 이도윤은 다시 달이 되기도 한다. 그래서 달은 "술꾼 오줌발을 비틀비틀／물들이"기도 하고, 위선적으로 살아가는 자신의 "헐렁한 등덜미를 몰래몰래／따라오기"도 하고, 망월동 묘지의 주검을 더듬으며 "워따워따 내 새끼야 맨살 부비"기도 하는가 하면, 칠성당 정한수 속에 넉살좋게 앉았다가 앞에서 빌어쌓는 여인네의 자궁 속으로 숨가쁘지만 그래도 "부끄럽게 빠져드는 달"이 되기도 한다.

이도윤의 시적 의지는 여기서 끝나지 않는다. 이 시의 끝연에 잘 표현되어 있듯이 자기의 세계를 달빛이 비치는 영역까지 확보하고자 한다. 자기 세계의 확대는 "남으로 북으로 빠져드는 달／다시금 하나로 솟구치는 달"에서 보이는 바와 같이 남북을 삶의 한 공간으로 설정하는 데서 출발한다. 남으로 북으로 각각 빠져든 달이지만 마침내 다시 하나로 솟는 달을 꿈꾸는 시인이야말로 이 시대, 이 땅에서 가장 듬직스럽고 소망스러운 시인의 태도가 아니겠는가. 이런 태도는 세계에 대해, 자아에 대해 깊은 성찰을 통해 획득하는 사랑의 힘에서 나오는 것이다.

새끼들이 모두 떠난
사람의 쭈그러진 늙은 등은 허전하여

바라볼수록 눈물이 난다
위대하여라 등이여
이 땅의 모든 새끼들을 업어낸 외로움이여
───「등」 전문

  위의 짧은 시에서도 그가 세계를 바라보는 사랑이 얼마
나 깊은지를 우리는 쉽게 알 수 있다. 그런데 이 사랑이
그의 시에서 곧잘 '눈물'로 변용되는 경우가 많다. 그러나
이런 눈물의 시편들은 위의 시에서 볼 수 있듯이, 절망
끝에 쏟는 눈물도, 천박한 감상주의에서 나오는 소녀 취
향적 눈물도, 소시민적 발상에서 시도 때도 없이 쏟아붓
는 허드렛눈물도 아니다. 그야말로 개체를 초월해서 전체
와 하나가 되려는 사랑의 정신 때문에, 그 겸허함 때문에
나오는 절제의 눈물이다. 예로부터 우리 선조들은 "다습
고 부드럽고 인정이 두터운 것이 시의 가르침"(溫柔敦厚
詩敎也)이라 했는데 이 눈물은 바로 온유돈후에서 나오는
값진 눈물인 것이다.
  자신이 살아가고 있는 이 세상을 잊지도 않고 버리지도
않겠다는, 그리고 동서고금의 모든 어머니들이 고달픔을
딛고 죽음을 넘나들며 새끼들을 업어 길러냈고 지금 이
순간에도 기르고 있듯이, 시인도 이 척박하고 가난한, 그
래서 어둡기만 한 현실을 부둥켜안고 혹은 업고 살아가겠
노라는 결의에 찬 값진 눈물인 것이다.

  아, 미치도록 아름다운 것이여
  오늘 네가 부르는 서러운 노래가
  이 땅을 적시는 한

네 어미가 살다간 이 땅을
버릴 때까지
그렇게 아름다운 향기여
소중한 꽃이여

—「너는 꽃이다 1」 부분

　위의 시에 표현된 '서러운 노래'도 바로 눈물이다. 그러
니까 이 땅을 적시는 것이다. 그런데 이 서러운 노래는
'아름다움'이 부르는 노래다. 그렇다면 이 아름다움이란
무엇인가. 고난의 과거와 어두운 오늘을 이겨내며 밝은
내일을 열려는 몸부림인 것이다. 이러한 몸부림이 성숙되
었을 때 피는 것이 바로 꽃이다. 시인이 이 고난의 시대
를 버리지도 않겠거니와, 그렇기 때문에 늘 아름다운 꽃
의 향기가 우리들과 함께 있을 수밖에 없는 것이다.
　1987년 전두환의 4·13호헌조치에 반대하는 학계, 문인
등이 서명운동을 벌이던 당시, 그는 자유실천문인협의회
의 만류에도 불구하고 MBC의 수습사원 신분으로 서명을
하기도 했고 6월항쟁에 적극 참여하기도 했다. 1992년 9
월 대선을 앞두고 MBC노조가 방송민주화투쟁을 하며 파
업에 들어갔을 때 연작시 「너는 꽃이다」를 특보에 연재했
는데, 이런 행동이 파업을 선동하며 이인모옹을 찬양했다
는 혐의로 검찰의 수배를 받아 도피생활을 하기도 했는데
이렇듯 시대의 아픔에 대한 시인의 반응은 적극적이다.

뜨거운 노래를 언 땅에 묻고
그는 조국의 불씨로 남았다
피에 젖은 강산에서

무쇠도 녹은 생매장된 사십사년
세월도 그의 신념을 어쩌지 못했다
이년을 같이 살고 삼십이년을 헤어진
기약없는 사랑 앞에서
그는 단 한번도
사랑하는 사람의 이름을 바꾸지 않았다
———「너는 꽃이다 7」 부분

이인모옹은 북으로 갔다느니 고향으로 갔다느니 하는
말들이 제법 그럴싸하다. 가기는 어디를 갔다는 말인가.
그는 '조국'에서 태어나 지금도 '조국'에서 살고 있다. 그
는 지금까지 단 한번도 사랑하는 조국을 떠나지도, 조국
의 이름을 바꾸지도 않았다. 다만 조국의 고통 속에 살아
왔고 고통 속에 살고 있으면서 향기를 내뿜는 꽃으로 이
어둠을 밝히고 있는 것이다. 이도윤은 이것을 알고 자기
도 꽃이 되는 몸부림으로 눈물을 흘리고 있는 것이다. 그
러므로 그가 수시로 떨구는 눈물은 꽃의 눈물인 것이다.

후 기

　문단의 말석에 고개를 내밀고 시인 칭호를 부끄럽게 감
당한 지 만 8년이 되었다. 이렇게 지나버린 8년 동안 나
의 시는 술에 코를 박고 졸다 토하거나 최루탄 속을 거닐
고 새벽의 거리를 부랑아로 떠도는 정도 이외에는 시의
냄새조차 제대로 풍기지도 못하고 나에게서까지 버림을
받아왔다. 부끄러운 고백을 하자면 그러면서도 기실 나는
시에 눌려 살아왔으며 그것으로부터 해방되어본 적이 없
으니, 그동안 이 시란 놈이 나를 마음대로 끌고 다니며
오히려 나를 엉망으로 만들어버렸는지 모른다. 그동안에
쓴 시를 정리하면서 관념투성이인 내 시들을 다시 보니
또다시 부끄러움을 느낀다. 그러나 나에게 이런 부끄러움
이 남아 있는 한 앞으로 내 시가 조금이라도 나아지지 않
겠는가 하는 자위도 해본다.
　지난해 가을 내가 일하고 있는 MBC는 방송민주화의
대홍역을 또 한차례 치렀다. 국민의 방송으로 거듭나기
위한 몸부림은 언론사사상 최장기 파업으로 치달았으며
시를 쓰고 있던 나는 그 와중에 파업주동자 중의 하나로
지목되어 강제구인 대상이 되었고 도피·수배·자진출
두·재판의 과정을 겪었다. 시가 삶에 있어서 무엇이어야
하고 왜 나는 시를 써야만 하는지를 수배되어 광주에 도

망쳐 있는 동안 거듭 생각하지 않을 수 없었다. 그동안 미루어왔던 시집 출간을 결심한 것도 이때다. 그러므로 이 시집은 보잘것없는 나를 정리해본다는 의미가 크다. 내 삶이 보다 더 철저해져야 한다는 반성 때문이다. 나는 그동안 써왔던 시를 정리하면서 많은 가감을 했다. 분칠을 하자는 것보다는 독자에 대한 성실한 의무감으로 이해해주기 바란다.

발표한 지가 너무 오래 되어 낡아버린 시도 있다. 그러나 여기에 모은 60여편의 시들은 쓴 시기에 관계없이 편의상 4부로 나누었다. 제1부는 비교적 짧은 시를, 제2부는 작년 MBC파업 때 특보와 대자보 형태의 벽시로 MBC 복도에 발표했던 것을, 제3부는 한국기자상을 타고 백두산을 다녀와서 쓴 시와 광주 오월의 시를, 제4부는 언론과 기타 시들을 묶었다.

끝으로 발문을 써주신 조태일 선생님, 보잘것없는 제 시들을 기꺼이 맡아주신 창비의 이시영·고형렬 시인과 창비 가족 여러분께 깊은 감사를 드리며 앞으로 좋은 시로 고마운 분들께 꼭 보답할 것을 약속드린다.

1993년 따뜻한 봄에
이　도　윤

창비시선 113

너는 꽃이다

초판 1쇄 발행 / 1993년 6월 5일
초판 4쇄 발행 / 2018년 1월 31일

지은이 / 이도윤
펴낸이 / 강일우
펴낸곳 / (주)창비
등록 / 1986년 8월 5일 제85호
주소 / 10881 경기도 파주시 회동길 184
전화 / 031-955-3333
팩시밀리 / 영업 031-955-3399 · 편집 031-955-3400
홈페이지 / www.changbi.com
전자우편 / lit@changbi.com

ⓒ 이도윤 1993
ISBN 978-89-364-2113-7 03810